Bootstrap
Anfänger
Schnelles und einfaches Design für den Web- und App-Programmierer

Bootstrap 4 – Anfänger von
Marcelo Carlos Cancinos

Copyright © 2020 Marcelo Carlos Cancinos
Alle Rechte vorbehalten.

ISBN: 9798586255341
Imprint: Independently published

Bootstrap 4 - Anfänger

INHALT

Was ist Bootstrap?	9
Wie benutzt man	11
CDN (Content Delivery Network) - Download	11.
Anfangen	12
Download	13
Kompilierte CSS und Js	13
Quelldaten	13
Cdn Bootstrap	13
Paket-Manager	15
Schriftarten	15
Überschriften	17
Display Überschriften	21
Klasse Lead	22
Textstile	22
Ausrichtung	24
Adaptive Ausrichtung	27
Fixierung	29
Ändern der Farbe	31
Abstand	33
Tasten	35
Symbolbibliothek	39
Group Liste	40
Klasse badge	42
Animation	44
Navigationsleisten	46
Warnungen	55
Fortschrittsbalken	60
Die Karten (card)	64
Carousel	68
Formulare (forms)	70

Jumbotron　73
Windows Modals　75
Popovers　78
Spinners　79
Toasts　81
Embeds　83
Schatten (Shadows)　84
Beispiel aus dem wirklichen Leben　86
Code-Analyse　91

Bootstrap 4 - Anfänger

Was ist Bootstrap?

Es ist das beliebteste CSS-Framework. Unter Rahmen wird eine Arbeitsumgebung verstanden, eine Reihe von Praktiken und Kriterien, um sich auf ein bestimmtes Problem zu konzentrieren. Während CSS (Cascading Style Sheets) eine Grafikdesignsprache ist, für Dokumentstile wie HTML oder Markup-Sprache. Sie benötigen keine Vorkenntnisse in Bootstrap, sondern ein wenig HTML, CSS und Javascript. Bootstrap ist Open Source, was bedeutet, dass es Open Source und kostenlos ist. Es ermöglicht die Erstellung schöner Designs in sehr kurzen Entwicklungszeiten. Anpassbar an verschiedene Browser und Geräte, da es sich um Multiplattform, reaktionsschnelle Schnittstellen und adaptives Design handelt. Und auch Mobile First, mit dem Sie eine für mobile Geräte optimierte Version erstellen und dann auf das Web erweitern können. Da Bootstrap nicht nur das Design von Anwendungen ermöglicht, sondern auch das Webdesign begünstigt und das Design der Benutzeroberfläche, dh des Teils, mit dem der Benutzer interagiert, optimiert.

Einer der Vorteile von Bootstrap besteht darin, dass aufgrund seiner großen Flexibilität und Geschwindigkeit beim Entwerfen Prototypen erstellt werden können, dh sehr schnell ein Prototyp eines Produkts mit einem agilen, anpassungsfähigen und angenehmen Design erstellt werden kann, das leicht zu ändern ist.

Wir können zusammenfassen, indem wir sagen, dass Bootstrap eine Bibliothek oder eine Reihe von CSS-Stilen ist und ein beliebtes Freamework im Web ist. Viele Vorlagen und Beispielcodes oder Javascript-Plugins für Animationen oder Verhaltensweisen werden normalerweise gefunden. Es ist auch robust, da es ständig gefunden wird in Überprüfung und Entwicklung.

Bootstrap 4 - Anfänger

Wie benutzt man:
Grundsätzlich gibt es zwei Möglichkeiten, Bootstrap zu verwenden. Der erste erfolgt über das CDN und der zweite durch Herunterladen. Entweder ein direkter Download von der Website oder über Paketmanager (package manager) wie npm, bower, yarn.

CDN (Content Delivery Network) / Download:
Die CDN ist der einfachste Weg, Bootstrap zu verwenden, da wir nur eine Webadresse in unsere HTML-Datei kopieren müssen.

Obwohl dies der schnellste Weg ist, werden bei Verwendung von cdn bei jedem Laden unserer Website die CSS- und JS-Dateien vom Bootstrap-Server gelesen.

Der Vorteil davon, der gleichzeitig ein Nachteil ist, ist, dass Bootstrap, wenn er seinen Code ändert, sich direkt auf unsere Website oder App auswirkt.

Wenn wir die Option zum Herunterladen von Bootstrap auf unseren Server wählen, ändert niemand außer uns den Code oder die CSS-Dateien.

Daher können wir den Code flexibler zur Entwurfszeit herunterladen, da wir den Code, die Stile und das Bootstrap-Verhalten nach unseren Wünschen ändern können.

Anfangen:

Beginnen wir damit, dass die offizielle Bootstrap-Site **getbootstrap.com** ist. Hier finden Sie Beispiele, Tutorials, Themen, Dokumentationen und Informationen zur Verwendung der CDN- und Download-Links, entweder direkt heruntergeladen oder über Paketmanager.

Wir finden auch einen Premium-Bereich für Benutzer, die professionellere Designs benötigen, die mit neuen Plugins, Komponenten, Dokumentationen und Konstruktionswerkzeugen vorgefertigt sind.

Für letztere können wir eintreten **themes.getbootstrap.com** und erwerben Sie das Thema, das Ihrem Geschmack und Ihren Bedürfnissen entspricht, zu einem ungefähren Preis von $49.00 denken Sie auch daran, dass Bootstrap ein kostenloses Tool ist und wir uns dort widmen werden.

Es sollte auch klargestellt werden, dass es neben der offiziellen Bootstrap-Themes-Site viele inoffizielle Sites gibt, auch einige mit kostenlosen Themes. Bootstrap ist jedoch bereits nicht für den fehlerhaften oder böswilligen Code verantwortlich, der sich aus der Änderung der von der Unternehmen.

Download:

Im Download-Link der offiziellen Bootstrap-Site finden Sie verschiedene Verwendungsmöglichkeiten.

Kompilierte CSS und Js:
Die Bootstrap-Dateien werden hier heruntergeladen. Und diese können zusammen mit den Dateien unseres Projekts auf einen Server hochgeladen und verwendet werden..

Quelldateien:
Es ähnelt der obigen Option, aber Bootstrap-Entwicklungsquellen werden zusammen mit einigen anderen Tools heruntergeladen.

Cdn Bootstrap:
Es reicht aus, nur die Links in unsere **HTML**-Datei zu kopieren. Es wird empfohlen, den **<link>** -Link in unserem **<head>** -Bereich zu platzieren, wie im folgenden Beispiel gezeigt, und das **<script>** am Ende des **<body>** -Blocks zu platzieren, da Java-Skripte eine Weile dauern mehr zu laden und es ist praktisch, dass unsere Website sofort mit ihren **CSS**-Stilen aussieht, um ein gutes Design zu haben, und schließlich haben wir Zeit, die Java-Skripte zu laden, die uns das entsprechende Verhalten geben.

```
<!DOCTYPE html>
    <html lang="es" dir="ltr">
    <head>
    <meta charset="utf-8">
    <title>Web de prueba</title>
    <link rel="stylesheet"
href="https://stackpath ... >
    </head>
    <body>
        <h1>Esto es una Prueba</h1>

<script src="https://code.jquery.com/ ... ></script>
<script src="https://cdnjs.cloudflare.com/ajax/ ...
></script>
<script src="https://stackpath.bootstrapcdn.com/ ...
></script>

    </body>
</html>
```

In diesem Beispiel wurde der Code der Links und Skripte aus didaktischen Gründen zusammengefasst. Um den vollständigen Code zu erhalten, wird empfohlen, den Download-Bereich der offiziellen Bootstrap-Site zu betreten.

Paket-Manager:

Es ähnelt dem Herunterladen von Bootstrap als zweite Option, ist jedoch nützlich, wenn wir es in NodeJs, Ruby, .NET, .php verwenden. Diese verwenden die Paketmanager ihrer Systeme als **npm** in NodeJs. Die verschiedenen Möglichkeiten zur Verwendung dieser Paketmanager finden Sie auf der Bootstrap-Website. Also hier werde ich nur das NodeJs **npm** Beispiel setzen.

$ npm install bootstrap

Wir werden die Verwendung in einer NodeJs-Workbench später in einem Beispiel sehen.

Schriftarten:
Ein guter Weg, um Bootstrap zu lernen, ist die Betrachtung der Designstile. Dazu ist es wichtig, mit den Schriftarten zu beginnen.
Wie wir gesehen haben, definiert Bootstrap den standardmäßig im Browser enthaltenen Stil neu und macht es kompatibel, dass ein Stil, der in einem Browser auf eine Weise angezeigt wird, in einem anderen Browser oder auf einem anderen Gerät auf dieselbe Weise ausgeführt wird.

Lassen Sie uns dies anhand eines Beispiels erklären. Internet Explorer verfügt über Standardschriftarten, z. B. für ein <h1> -Tag, Für dasselbe Label könnte Google Chrome eine andere Schriftart oder eine andere Größe haben. Das gleiche passiert, wenn wir unsere Website auf einem Laptop oder Mobiltelefon anzeigen.

Nun, Bootstrap löst dieses Problem, indem für alle Browser und alle Geräte die gleiche Schriftart und Schriftgröße für ihre verschiedenen Klassen festgelegt wird. Wenn wir also eine **Class** = "h1" oder eine <h1> verwenden, sollten wir sie auf verschiedenen Geräten und / oder Browsern auf dieselbe Weise sehen. Deshalb finde ich es gut, mit den Schriftarten in diesem Buch zu beginnen. Auf diese Weise können wir sehen, wie unser Inhalt aussehen wird.

Mal sehen, wie diese Stile in den Überschriften aussehen würden (heading).

Überschriften:

Denken Sie daran, dass die Überschriften-HTML-Tags von **\<h1\>** bis **\<h6\>** in *Bild 1* sehen können, wie sie aussehen würden.

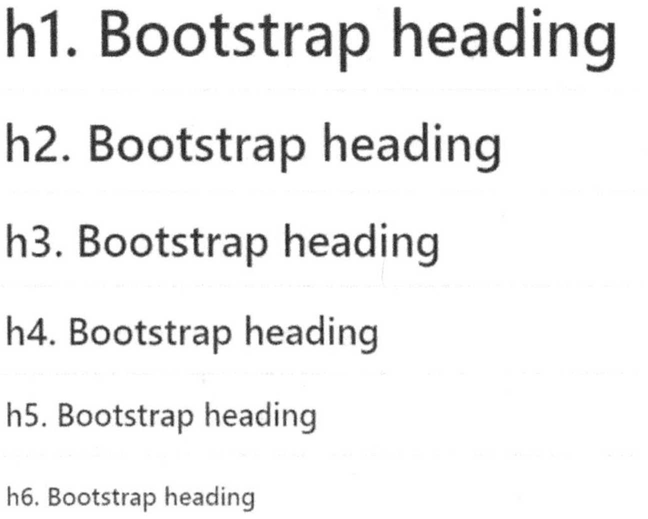

h1. Bootstrap heading

h2. Bootstrap heading

h3. Bootstrap heading

h4. Bootstrap heading

h5. Bootstrap heading

h6. Bootstrap heading

Bild 1

Um dieses Ergebnis zu erzielen, ist es möglich, dies auf herkömmliche Weise unter Verwendung der Tags vom Typ **\<h\>** zu tun

<h1>h1. Bootstrap heading</h1>

<h2>h2. Bootstrap heading</h2>

<h3>h3. Bootstrap heading</h3>

<h4>h4. Bootstrap heading</h4>

<h5>h5. Bootstrap heading</h5>

<h6>h6. Bootstrap heading</h6>

Oder wir können auch einen beliebigen Tag-Typ verwenden, z. B. ein Absatz-Tag vom Typ <p>, und die Bootrstrap-Klasse mit einem bestimmten Stil verwenden, z. B. einen Typ **h1**. Auf diese Weise sehen wir uns ein Beispiel an, wie Sie das gleiche Ergebnis wie in Bild 1 erzielen, diesmal mit Tags vom Typ **<p>**.

```
<p class="h1">h1. Bootstrap heading</p>

<p class="h2">h2. Bootstrap heading</p>

<p class="h3">h3. Bootstrap heading</p>

<p class="h4">h4. Bootstrap heading</p>

<p class="h5">h5. Bootstrap heading</p>

<p class="h6">h6. Bootstrap heading</p>
```

Sehen wir uns ein anderes Beispiel mit einem **<h3>** - Header an, aber dieses Mal werden wir das **<small>** - Tag verwenden, um uns daran zu erinnern, dass dieses Tag den Text in Bezug auf die verwendete Größe ein wenig reduziert. Aber es wird nicht das Ergebnis von klein sein, das uns interessiert, sondern die Klasse, die wir in eine **class="text-stumm"** setzen, die uns das Gefühl visueller Stille oder vielmehr eine Abnahme oder Sättigung des Textes vermittelt. Dies lässt sich am besten anhand von *Bild 2* erklären.

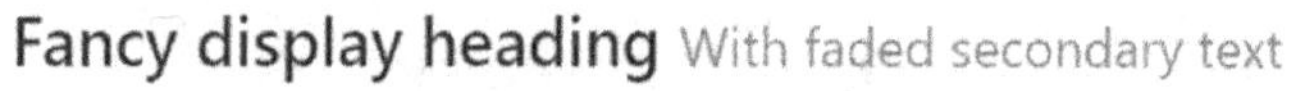

Fancy display heading With faded secondary text

Bild 2

Sehen wir uns den Code an, der zum Generieren dieses Beispiels benötigt wird.

<h3>
Fancy display heading
<small class="text-muted">With faded secondary text</small>
</h3>

Alle diese Beispiele finden Sie auf der Bootstrap-Website unter folgendem Link: https://getbootstrap.com/docs/4.3/content/typography/

Display Überschriften:

Die Bootstrap-Site teilt uns mit, dass herkömmliche Header, dh solche mit einem <h> -Tag, es uns ermöglichen, ein Design auf unserer Site oder Anwendung in einem Standardformat zu erstellen. Wenn wir jedoch Header mit einer größeren Größe wünschen, stellen sie uns ihre Anzeige-Header zur Verfügung Schauen wir uns *Bild 3* an, wo sie zu sehen sind, und dann ein Codebeispiel, wie dieser Effekt erzeugt wird.

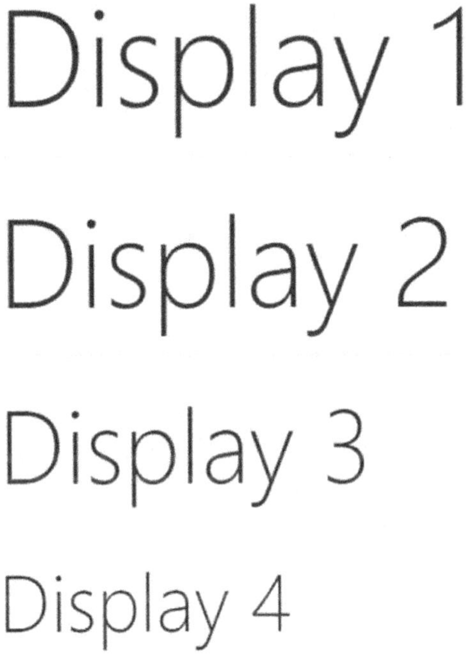

Display 1

Display 2

Display 3

Display 4

Bild 3

```html
<h1 class="display-1">Display 1</h1>
<h1 class="display-2">Display 2</h1>
<h1 class="display-3">Display 3</h1>
<h1 class="display-4">Display 4</h1>
```

Klasse Lead:
Sehen wir uns nun das Beispiel eines Absatzes mit einer Schriftart an, die in der Lead-Klasse verwendet wird.

Vivamus sagittis lacus vel augue laoreet rutrum faucibus dolor auctor. Duis mollis, est non commodo luctus.

Bild 4

```html
<p class="lead">
Vivamus sagittis lacus vel augue laoreet rutrum dolor auctor. Dios mollis, est non commodo luctus.
</p>
```

Textstile:
Hier in *Bild 5* ist das Beispiel leicht zu sehen und wie wir unten sehen werden, der Code, der zum Generieren erforderlich ist.

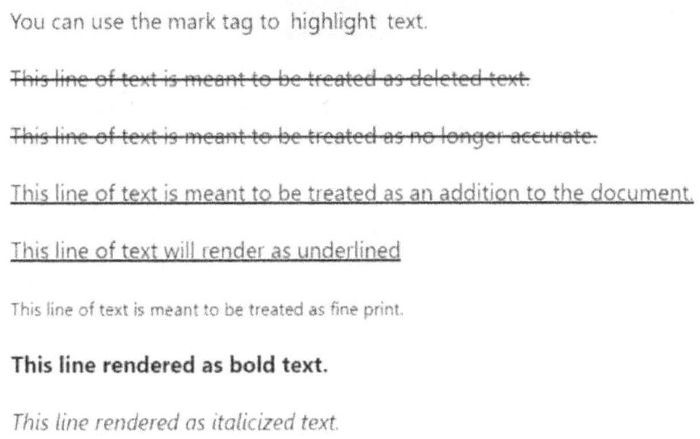

Bootstrap 4 - Anfänger

You can use the mark tag to highlight text.

~~This line of text is meant to be treated as deleted text.~~

~~This line of text is meant to be treated as no longer accurate.~~

<u>This line of text is meant to be treated as an addition to the document.</u>

<u>This line of text will render as underlined</u>

<small>This line of text is meant to be treated as fine print.</small>

This line rendered as bold text.

This line rendered as italicized text.

Bild 5

```
<p>You can use the mark tag to
<mark>highlight</mark> text.</p>
<p><del>This line of text is meant to be treated as
deleted text.</del></p>
<p><s>This line of text is meant to be treated as no
longer accurate.</s></p>
<p><ins>This line of text is meant to be treated as an
addition to the document.</ins></p>
<p><del>This line of text is meant to be treated as
deleted text.</del></p>
<p><u>This line of text will render as
underlined.</u></p>
<p><small>This line of text is meant to be treated as
fine print.</small></p>
<p><strong>This line rendered as bold
text.</strong></p>
<p><em>This line rendered as italicized
text.</em></p>
```

Ausrichtung:

Sehen wir uns die verschiedenen Optionen zum Ausrichten des blockquote an.

```
<blockquote class="blockquote">
    <p class="mb-0">Vivamus sagittis lacus vel augue laoreet rutrum dolor auctor. Dios mollis, est non commodo luctus.
    </p>
</blockquote>
```

In diesem Beispiel oben sehen wir, wie die Blockquote-Klasse ohne Ausrichtung verwendet wird, und wir haben eine Absatzmarkierung eingefügt. Für diejenigen, die es nicht wissen, wird die Marke blockquote häufig verwendet, um Texte einzufügen, die auf externe Websites oder Notizen verweisen. Daher ist es sehr üblich, innerhalb dieser Blockquote-Blöcke eine Fußzeilenmarkierung hinzuzufügen. Sehen wir uns ein Beispiel mit der Markierung **<cite>** an, aber wir werden den Blockquote-Footer-Stil für das Blockquote verwenden

```
<blockquote class="blockquote">
  <p class="mb-0">Vivamus sagittis lacus vel augue
laoreet rutrum dolor auctor. Dios mollis, est non
commodo luctus.
  <footer class="blockquote-footer">Someone famous
in <cite title="Source Title">lSoruce
Title</cite></footer>
  </p>
</blockquote>
```

Die blockquote-Klasse verwendet standardmäßig eine linke Ausrichtung, wir können sie jedoch rechts oder zentriert angeben.

```
<blockquote class="blockquote text-center">
```

```
<blockquote class="blockquote text-right">
```

Schließlich spricht er in diesem Teil der Bootstrap-Website über die Listen.

Aber nicht nur blockquote kann ausgerichtet werden, sondern auch andere HTML-Markierungen wie **<p>** Absatzmarkierungen. Sehen wir uns die Ausrichtungen links, rechts, zentriert und ausgerichtet an.

```
<p class="text-left">  Testtext </p>

<p class="text-right">  Testtext </p>

<p class="text-center">  Testtext </p>

<p class="text-justify">  Testtext </p>
```

Adaptive Ausrichtung:

Abhängig von der Größe des Gerätebildschirms können die Texte ihre Ausrichtung ändern. Sehen wir uns diese Bildschirmgrößen an.

SM (small) klein
MD (Medium) mittlere
LG (Large) Groß
XL (Xtra Large) Extra groß

Was passieren wird, ist, dass wir für verschiedene Arten von Geräten bzw. Bildschirmgrößen unterschiedliche Ausrichtungen haben können. Nehmen wir ein Beispiel.

```
<p class="text-sm-right"> Beispieltext </p>
<p class="text-md-left"> Beispieltext </p>
<p class="text-lg-center"> Beispieltext </p>
```

Auf diese Weise wird unser **Beispieltext** für **small** Bildschirme nach rechts ausgerichtet. Wenn Sie die Bildschirmgröße ändern, indem Sie entweder die Größe des Browsers ändern oder den Bildschirm des Mobiltelefons drehen oder die Bildschirmauflösung ändern oder das Gerät auf eine mittlere Größe ändern, wird links der **Beispieltext** angezeigt nach unserem Beispiel und in der Mitte für einen großen Bildschirm.

Wenn für den Fall nur die Ausrichtung verwendet wurde, ohne die Größe des Bildschirms anzugeben, dann für jede Größe, die unsere Ausrichtung ist.

Wir können auch eine vertikale Ausrichtung durchführen.

baseline top middle bottom text-top text-bottom

Bild 6

```
<span class="align-baseline">baseline</span>
<span class="align-top">top</span>
<span class="align-middle">middle</span>
<span class="align-bottom">bottom</span>
<span class="align-text-top">text-top</span>
<span class="align-text_bottom">text-bottom</span>
```

Fixierung:

Die Fixierungsklasse wird verwendet, um eine Art Objekt oder eine Gruppe von Objekten zu generieren, die an einer bestimmten Position auf dem Bildschirm fixiert werden. Eine Möglichkeit besteht beispielsweise darin, den Text oben zu fixieren. Wenn Sie also mit der Bildlaufleiste weiter nach unten scrollen, wird der feste Text oben bleiben.

<h1 class="fixed-top"> Text behoben </h1>

Das andere Beispiel, das uns interessieren könnte, ist das Festlegen eines Textes, diesmal jedoch am unteren Bildschirmrand. Dies würde wie folgt erfolgen:

<h1 class="fixed-bottom"> Text behoben </h1>

Auf diese Weise konnte eine perfekte Fußzeile generiert werden.

Ähnlich wie bei der Fixierung sind die Navigationen, Banner oder Texte, die wie die Fixierung irgendwo positioniert sind, sich jedoch nur dann bewegen und fixiert bleiben, wenn die gewünschte Position erreicht ist, beispielsweise oben. Sie sind auch als klebrig bekannt, sticky

```
<h1 class="sticky-bottom"> klebriger fester Text unten
</h1>

<h1 class="fixed-top"> klebriger und fester Text oben
</h1>
```

Ändern der Farbe:

Sehen wir uns die Standardfarben an, die Bootstrap uns gibt. Bei Farben werden sie standardmäßig nicht als rot, gelb oder grün bezeichnet. Ihnen wurde vielmehr eine Klasse zugewiesen, die einen Zustand darstellt. Zum Beispiel kann eine rote Farbe ein Gefahrenzustand sein. Auf diese Weise wird jedes Etikett, das eine Klasse von Farbgefahren verwendet, in Rot angezeigt, entweder als Text oder als Hintergrund. Dies ist sehr nützlich, wenn wir Anwendungen erstellen und den Status oder die Art des Textes markieren möchten.

Sehen wir uns einige Beispiele für Text mit Farbe und dann einen Hintergrund auch mit Farbe an. Natürlich können Sie Kombinationen verwenden, z. B. einen Hintergrund mit einer Farbe und Text mit einer anderen Farbe (siehe das letzte Beispiel in dieser Liste von Beispielen). Klarstellung, obwohl ich in diesem Beispiel ein Markierungs-Tag vom Typ **<h1>** verwende, denken Sie daran, dass das Markierungs-Tag von einem beliebigen Typ sein kann, beispielsweise ein Absatz **<p>**.

<h1 class="texto-primary"> hellblauer Text </h1>

<h1 class="text-success"> grüner Text </h1>

<h1 class="text-info"> wassergrüner Text </h1>

<h1 class="text-warning"> gelber Text </h1>

<h1 class="text-success"> grüner Text </h1>

<h1 class="text-danger"> roter Text </h1>

<h1 class="text-dark"> dunkler Text </h1>

<h1 class="text-white"> weißer Text </h1>

<h1 class="invisible"> unsichtbarer Farbtext </h1>

<h1 class="bg-info"> Der Hintergrund des Textes ist wassergrün </h1>

<h1 class="bg-primary"> In diesem Fall ist das Telefon blau </h1>

<h1 class="bg-dark text-white"> weißer Text mit dunklem Hintergrund </h1>

Abstand:

Wenn wir über Abstände sprechen, meinen wir den **margin** und **padding** der Elemente. Es ist klarstellbar, dass diese Klasse in jeder HTML-Marke verwendet werden kann. Wir werden uns auf die **margin** mit dem Buchstaben **m** und die **padding** mit dem Buchstaben **p** beziehen.

Dann muss ein zweiter Buchstabe eingefügt werden, der uns sagt, auf welche Art von **margin** oder **padding** wir uns beziehen.

T	Top	Über
B	Bottom	Unterseite
L	Left	Links
R	Right	Right
X	Both X	Beide X.
Y	Both Y	Beide Y.
KEINE Buchstaben		R,L,T und B

Und schließlich ein drittes Zeichen, eine Zahl.

0	Keine Margin oder padding
1	Raum 0.25
2	Raum 0.5
3	Raum 1
4	Raum 1.5
5	Raum 3
Auto	Automatischer Rand (nur für Margin)

Sehen wir uns ein Beispiel mit einer **<p>** -Markierung an.

<p class="mx-2"> Testen Sie beide Ränder mit Rand 0.5</p>

Lassen Sie uns abschließend in Bild 7 ein Beispiel für padding sehen, bei der oben ein Leerzeichen von 3 verbleibt, **P-5**

Bild 7

<h1 class="bg-success pt-5">hello world</h1>

Wir können auch die Breite und / oder Höhe sagen, die eine Klasse einnehmen wird. Im vorherigen Beispiel fügen wir **w-25** hinzu, was darauf hinweist, dass dieses Objekt eine Größe hat, die nur **25%** des Bildschirms einnimmt.

<h1 class="bg-success pt-5 w-25">hello world</h1>

Natürlich kann diese Zahl **w** bis zu **100%** variieren. Auf die gleiche Weise verwenden wir **h**, wenn wir einen prozentualen Stopp markieren möchten, anstatt **w** zu verwenden.

<h1 class="bg-success pt-5 h-25">hello world</h1>

Tasten:

Die Markierung von HTML zum Erstellen einer Schaltfläche ist **<Button>**. Darin befindet sich normalerweise der Typ der Schaltfläche **type="subit"** oder **type="reset"**, um nur ein Beispiel zu nennen. Nun, mit Bootstrap können wir auch sein Aussehen oder seine Farbe mit einer Klasse ändern.
Wir haben die Farben in den Texten schon vorher gesehen, nun, das ist etwas Ähnliches. Die Klasse ist **class="btn"** und die Farbe ähnelt dem Text, jedoch mit den Buchstaben **btn** vor.

Ex: **class="btn btn-primary"**

<button class="btn btn-primary"> Tasten </button>

Ebenso werde ich ein Beispiel mit einer gelben Farbe geben.

<button class="btn btn-warning"> Tasten </button>

Es gibt eine andere Art von Farbe, die wir zuvor noch nicht gesehen haben und die einen Hyperlink simuliert, dh einen Link.

<button class="btn btn-link"> Tasten </button>

Da es sich bei diesen Bootstrap-Klassen nur um solche handelt, können wir jeder Marke diese Klassen zuweisen. Wenn wir beispielsweise einer Marke vom

Typ **<a>**, die für Links verwendet wird, eine Bootstrap-Klasse vom Typ Button hinzufügen, die ein ähnliches Verhalten aufweist wie wir wird ein nettes Geschenk eines Links mit dem Schaltflächenverhalten geben, wir sehen ein Beispiel.

<a class="btn btn-primary" href="#"> Unser Link </a>

Eine andere Art von Schaltflächenklasse ist eine mit einer farbigen Linie und ohne Farbe. Die Liste der Farben ist dieselbe, die wir gelernt haben, aber das Präfix **outline** wird der Klasse hinzugefügt. Sehen wir uns ein Beispiel an.

<button class="btn btn-outline-primary"> Tasten </button>

Wir können auch die Größe der Schaltflächen ändern. Sehen wir uns ein Beispiel für eine große Schaltfläche an.

<button class="btn btn-primary btn-lg"> Tasten </button>

Wir haben sie auch in ihrer kleinen Größe, **class="btn-sm"**, small.

Wir haben aber auch einen neuen Typ, einen Blocktyp, der den gesamten Bildschirm abdeckt. **Class="btn-block"**

```
<button class="btn btn-primary btn-block"> Tasten
</button>
```

Zum Schluss sehen wir eine Dropdown-Schaltfläche vom Typ **Dropdown**. Dies ist wie das Erstellen eines Menüs. Wir werden ein Beispiel für die Erstellung einer Menütaste mit drei Optionen geben.

```
<div class="dropdown">
  <button class="btn btn-primary" data-togle="dropdown">
    Desplegable
  </button>
  <div class="dropdown-menu">
    <a href="#" class="dropdown-item">Item eins</a>
    <a href="#" class="dropdown-item">Item zwei</a>
    <a href="#" class="dropdown-item">Item drei</a>
  </div>
</div>
```

Es ist auch möglich, eine Gruppe von Schaltflächen zu erstellen, mit denen ein Menü mit horizontaler Ausrichtung mit der Klasse **btn-group** erstellt wird oder vertikal mit **class="btn-group-vertical"**.

Ex:

```
<div class="btn-group">
  <button class="btn btn-primary"> eins </button>
  <button class="btn btn-primary"> zwei </button>
  <button class="btn btn-primary"> drei </button>
</div>
```

Zu all dem konnten wir sie in verschiedenen Untermenüs erstellen, wie wir zuvor gesehen haben.

Symbolbibliothek:

Neben dem Bootstrap gibt es uns einen Style-CDN. Es gibt auch eine bekannte Website, die uns eine CDN mit Symbolen verleiht. Dies ist **fontawesome.com**
Genauso wie wir die Bootstrap-CDN hinzugefügt haben, werden wir den Link von der fontawesome-Website kopieren und in unseren Header einfügen.

```
<head>
  <link rel="stylesheet" href="https://..." >
</head>
```

Der Link kann durch Registrierung auf der Website erhalten werden.
Schauen wir uns nun ein Beispiel an, wie Sie mit einem kleinen **<i>** -Tag ein Symbol auf unsere Schaltflächen setzen.

```
<button class="btn btn-primary">
  <i class="fa fa-user"></i>
  Taste
</button>
```

Als Klasse **fa** für **fontawesome** und **fa-user** die Art des Symbols. Wir können eine Liste der Symbole sehen, die auf der Website von fontawesome verfügbar sind.

Dies ist ein Beispiel für viele andere Symbol-cdn, die wir im Web finden können.

Group Liste:

Wie wir bereits gesehen haben, kann ich bei einer Gruppe von Objekten beide vertikal oder standardmäßig horizontal ausrichten. Zuerst müssen wir die Klassen benennen, die die **Listengruppe** ermöglichen, und das ist: **List-group** zum Erstellen der list group und **list-group-item** zum Hinzufügen der einzelnen Elemente. Abschließend werde ich das für das folgende Beispiel erwähnen, Wie wir bereits gesehen haben, ist es möglich, eine list group mit einer anderen Bildschirmgröße zu erstellen, sm, md, lg, xl und für dieses Beispiel verwenden wir eine kleine horizontale Ausrichtung.

| Cras justo odio | Dapibus ac facilisis in | Morbi leo risus |

Bild 8

```
<ul class="list-group list-group-sm">
 <li class="list-group-item">Cras justo odio</li>
 <li class="list-group-item">Dapibus ac facilisis in</li>
 <li class="list-group-item">Morbi leo risus</li>
</ul>
```

Wenn wir schließlich die Farbe des Elements ändern möchten, können wir dies tun, indem wir die Farbe am Ende der Klasse hinzufügen.

```
<li class="list-group-item-primary">Morbi leo
risus</li>
```

Klasse badge:

Sehen wir uns zwei Beispiele für diesen Stil an, der häufig verwendet wird, um die Anzahl der Nachrichten anzuzeigen.

```
<button type="button" class="btn btn-primary">
  Profile <span class="badge badge-light">9</span>
  <span class="sr-only">unread messages</span>
</button>
```

Bild 9

In diesem Bild von der Bootstrap-Website sehen wir ein Codebeispiel und wie die badges aussehen.

Sehen wir uns ein zweites Beispiel auch von der Bootstrap-Website an.

`Primary` `Secondary` `Success` `Danger` `Warning` `Info` Light `Dark`

```
<span class="badge badge-primary">Primary</span>
<span class="badge badge-secondary">Secondary</span>
<span class="badge badge-success">Success</span>
<span class="badge badge-danger">Danger</span>
<span class="badge badge-warning">Warning</span>
<span class="badge badge-info">Info</span>
<span class="badge badge-light">Light</span>
<span class="badge badge-dark">Dark</span>
```

Bild 10

Wenn wir den Typ des badge durch einen ovaleren ändern möchten, können wir die Klasse verwenden **badge-pill**

Ex: **badge badge-pill**

Animation:

Sehen wir uns eine andere berühmte cdn an, aber dieses Mal können Animationen für jedes Objekt erstellt werden.
Wir finden dies in Ihrem Git-Repository:
https://daneden.github.io/animate.css/

Wir müssen nur auf den Button klicken **view on github** und dort finden wir den folgenden Link:
https://github.com/daneden/animate.css

Wie wir bisher gesehen haben, müssen wir nur den Link-Link in den Header einfügen, um die CDN verwenden zu können.

```
<head>
  <link rel="stylesheet" href="animate.min.css" >
</head>
```

Dies ist der Fall, wenn wir die .css bereits heruntergeladen haben, Andernfalls können wir auch direkt auf den animated Host verlinken.

<link rel="stylesheet" href="https://cdnjs.cloudflare.com/ajax/libs/animate.css/3.7.2/animate.min.css">

Angenommen, wir möchten eine Karte animieren und dann die Bootstrap-Klasse **card** Wir werden die Klassen von hinzufügen **animate**

Sehen wir uns einen Beispielcode an

<div class="card animated fadeInDown">Morbi leo risus</li>

Wo animated bedeutet, dass Animation verwendet wird und xxx sagt uns die Art der Animation, Ich wähle es einfach aus der Dropdown-Liste auf der Hauptseite der CDN animated und drücken Sie die Animationstaste.

In diesem Beispiel wird beim Laden der Seite, auf der die Karte von oben nach oben zeigt, eine Animation erstellt, um die endgültige Position zu erreichen.

Navigationsleisten:

Nach meinem Verständnis die Navigationsleisten oder **navbar** Sie sind eines der schönsten Dinge am stilisierten Bootstrap-Format. Um besser zu verstehen, wovon wir sprechen, sehen wir unten ein Beispiel im Bild einer Navigationsleiste und des Codes, der zum Generieren erforderlich ist.

Bild 11

```
<nav class="navbar navbar-expand-lg navbar-light bg-light">
  <a class="navbar-brand" href="#">Navbar</a>
  <button class="navbar-toggler" type="button" data-toggle="collapse" data-target="#navbarSupportedContent" aria-controls = "navbarSupportedContent" aria-expanded="false" aria-label="Toggle navigation">
    <span class="navbar-toggler-icon"></span>
  </button>

  <div class="collapse navbar-collapse" id="navbarSupportedContent">
    <ul class="navbar-nav mr-auto">
      <li class="nav-item active">
        <a class="nav-link" href="#">Home <span class="sr-only">(current) </span></a>
      </li>
      <li class="nav-item">
        <a class="nav-link" href="#">Link</a>
```

```html
      </li>
      <li class="nav-item dropdown">
        <a class="nav-link dropdown-toggle" href="#" id="navbarDropdown" role="button" data-toggle="dropdown" aria-haspopup="true" aria-expanded="false">
          Dropdown
        </a>
        <div class="dropdown-menu" aria-labelledby="navbarDropdown">
          <a class="dropdown-item" href="#">Action</a>
          <a class="dropdown-item" href="#">Another action</a>
          <div class="dropdown-divider"></div>
          <a class="dropdown-item" href="#">Something else here</a>
        </div>
      </li>
      <li class="nav-item">
        <a class="nav-link disabled" href="#" tabindex="-1" aria-disabled="true">Disabled</a>
      </li>
    </ul>
    <form class="form-inline my-2 my-lg-0">
      <input class="form-control mr-sm-2" type="search" placeholder="Search" aria-label="Search">
      <button class="btn btn-outline-success my-2 my-sm-0" type="submit">Search</button>
    </form>
  </div>
</nav>
```

Wie wir in der folgenden Zeile sehen, haben wir eine Klasse vom Typ navbar und wie wir in den vorherigen Beispielen gesehen haben, können wir die Größe angeben, in diesem Fall ist ihre Größe **lg** oder lang. Eigentlich ist die verwendete Klasse navbar-expand-lg Dies bedeutet, dass die Navigationsleiste erweitert wird, wenn der Bildschirm groß ist. Das bedeutet, dass sich ansonsten, wenn der Bildschirm mittel oder klein ist, wie im Fall von Mobiltelefonen, die Navigationsleiste zusammenzieht und das Menü mit der typischen dreizeiligen Schaltfläche, die anzeigt, dass wir oder anzeigen können, gefaltet oder reduziert wird Des reduzieren ein Optionsmenü.

Schließlich zeigt es uns die Art der Farbe oder des Themas, die die Navigationsleiste haben wird, in diesem Fall ist es vom Typ light, das heißt hell. Eine andere Option könnte vom Typ dark (dunkel) sein.

<nav class="navbar navbar-expand-lg navbar-light bg-light">

Unten in der zweiten Zeile sehen wir, wie derjenige erscheint, der den Titel oder das Logo der Leiste erstellt.

<a class="navbar-brand" href="#">Navbar</a>

Und wie wir sehen können, wird diese Klasse in einem Tag vom Typ <A> verwendet, um einen Link oder Link zu generieren, wenn er gedrückt wird.

Der nächste Teil, den wir hervorheben möchten, ist der unten gezeigte. Dies ist der Code, der erforderlich ist, um die oben erwähnte zusammenklappbare Schaltfläche zu lieben.

```
<button class="navbar-toggler" type="button" data-toggle="collapse" data-target="#navbarSupportedContent" aria-controls = "navbarSupportedContent" aria-expanded="false" aria-label="Toggle navigation">
    <span class="navbar-toggler-icon"></span>
</button>
```

Wir können auch sehen, wie einige Menüelemente in Form eines Hyperlinks hinzugefügt werden.

```
<a class="nav-link" href="#">Home <span class="sr-only"> (current) </span></a>
```

Oder wir sehen es deutlicher mit im folgenden Code mit der Klasse **nav-item** Geben Sie den Bootstrap an, um ein Element zu erstellen. Mit seinem Korrespondenten **nav-link**

```
<li class="nav-item">
    <a class="nav-link" href="#">Link</a>
</li>
```

Unten sehen wir, welcher Code erforderlich ist, um das drop oder Dropdown zu erstellen, das in der Navigationsleiste mit dem Symbol des Pfeils nach unten angezeigt wird.

```
<li class="nav-item dropdown">
```

```
    <a class="nav-link dropdown-toggle" href="#"
id="navbarDropdown" role="button" data-
toggle="dropdown" aria-haspopup="true" aria-
expanded="false">
      Dropdown
    </a>
    <div class="dropdown-menu" aria-
labelledby="navbarDropdown">
      <a class="dropdown-item" href="#">Action</a>
      <a class="dropdown-item" href="#">Another
action</a>
      <div class="dropdown-divider"></div>
      <a class="dropdown-item" href="#">Something
else here</a>
    </div>
  </li>
```

Und dann der Code, der zum Erstellen der deaktivierten Schaltfläche benötigt wird (disable).

```
  <li class="nav-item">
    <a class="nav-link disabled" href="#" tabindex="-
1" aria-disabled="true">Disabled</a>
  </li>
```

Endlich das Suchformular

```
  <form class="form-inline my-2 my-lg-0">
    <input class="form-control mr-sm-2" type="search"
placeholder="Search" aria-label="Search">
    <button class="btn btn-outline-success my-2 my-
sm-0" type="submit">Search</button>
  </form>
```

Wir sehen, dass das Suchformular eine Schaltfläche vom Typ btn btn-outline-success hat, die wiederum submit wird.

Um mit diesem Beispiel abzuschließen, müssen wir beachten, dass der Beispielcode am Anfang ein HTML-Tag vom Typ <nav> hat und schließt mit einem </nav>. Das ermöglicht die Montage der Navigationsleiste

```
<nav class="navbar navbar-expand-lg navbar-light bg-light">
.
.
.
</nav>
```

Schauen wir uns nun einen weiteren Beispielcode an, wie in Abbildung 12 gezeigt, um zu sehen, wie Sie unserer Leiste ein Logo hinzufügen

B Bootstrap

Bild 12

```
<nav class="navbar navbar-light bg-light">
  <a class="navbar-brand" href="#">
    <img src="bootstrap-solid.svg" width="30" height="30" class="d-inline-block align-top" alt="">
    Bootstrap
  </a>
</nav>
```

Bild 13

In diesem letzten Bild sehen wir ein Beispiel für verschiedene Themen oder Schemata mit verschiedenen Farben. Lassen Sie uns einen Code dazu sehen.

```
<nav class="navbar navbar-dark bg-dark">
  <!-- Navbar content -->
</nav>

<nav class="navbar navbar-dark bg-primary">
  <!-- Navbar content -->
</nav>

<nav class="navbar navbar-light" style="background-color: #e3f2fd;">
  <!-- Navbar content -->
</nav>
```

Endlich seine Positionierung. Unten sehen wir drei verschiedene Codes. Eine zum Fixieren der Leiste oben, die andere zum Fixieren der Leiste unten und schließlich eine Klebrigkeit oder Klebrigkeit, die behoben wird, wenn ein scroll der Webseite oder Anwendung durchgeführt wird.

Bootstrap 4 - Anfänger

```
<nav class="navbar fixed-top navbar-light bg-light">
  <a class="navbar-brand" href="#">Fixed top</a>
</nav>
```

```
<nav class="navbar fixed-bottom navbar-light bg-light">
  <a class="navbar-brand" href="#">Fixed bottom</a>
</nav>
```

```
<nav class="navbar sticky-top navbar-light bg-light">
  <a class="navbar-brand" href="#">Sticky top</a>
</nav>
```

Eine andere Option, die genutzt werden kann, besteht darin, diese zusammenklappbaren Schaltflächen zu verwenden und bestimmte Informationen einzugeben, die nicht unbedingt vorhanden sind, da sie Elemente oder Links enthalten. Was wäre, wenn wir wollten? Sehen wir uns die Abbildungen 14 und 15 an, die zuerst reduziert wurden, dann ohne zu reduzieren, und um den Beispielcode zu beenden, den die Bootstrap-Seite uns gibt.

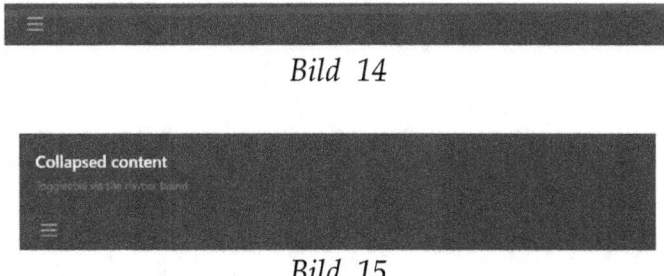

Bild 14

Bild 15

```html
<div class="pos-f-t">
  <div class="collapse" id="navbarToggleExternalContent">
    <div class="bg-dark p-4">
      <h5 class="text-white h4">Collapsed content</h5>
      <span class="text-muted">Toggleable via the navbar brand.</span>
    </div>
  </div>
  <nav class="navbar navbar-dark bg-dark">
    <button class="navbar-toggler" type="button" data-toggle="collapse" data-target="#navbarToggleExternalContent" aria-controls="navbarToggleExternalContent" aria-expanded="false" aria-label="Toggle navigation">
      <span class="navbar-toggler-icon"></span>
    </button>
  </nav>
</div>
```

Warnungen:

Und jetzt, wie wir in *Bild 16* sehen, sind die Warnungen an der Reihe. Wir werden zwei Beispiele sehen, das Beispiel von *Bild 16* und das von *Bild 17*, die ebenfalls Warnungen sind, aber im Inneren Hyperlinks enthalten. Auf diese Weise wird der Stil des Hyperlinks so stilisiert, dass er dem Stil der Warnung entspricht. Und im Beispiel von *Bild 18* sehen wir auch eine einfache Warnung. Dieses Mal wird rechts ein kleines Symbol in Form eines Kreuzes angezeigt, das für das Schließen dieser Warnung zuständig ist.

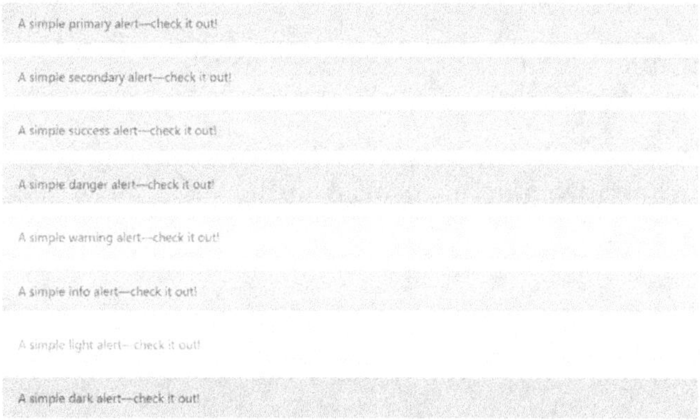

Bild 16

```html
<div class="alert alert-primary" role="alert">
  A simple primary alert—check it out!
</div>
<div class="alert alert-secondary" role="alert">
  A simple secondary alert—check it out!
</div>
<div class="alert alert-success" role="alert">
  A simple success alert—check it out!
</div>
<div class="alert alert-danger" role="alert">
  A simple danger alert—check it out!
</div>
<div class="alert alert-warning" role="alert">
  A simple warning alert—check it out!
</div>
<div class="alert alert-info" role="alert">
  A simple info alert—check it out!
</div>
<div class="alert alert-light" role="alert">
  A simple light alert—check it out!
</div>
<div class="alert alert-dark" role="alert">
  A simple dark alert—check it out!
</div>
```

Wie wir sehen, ist der Code sehr einfach. Nur die alert - Klasse und ihre Farbe als Beispiele für frühere Klassen. In diesem ersten Code zum Beispiel **alert-primary**. Wir sehen auch, dass das Rollentag in diesem Fall **Alert** wäre.

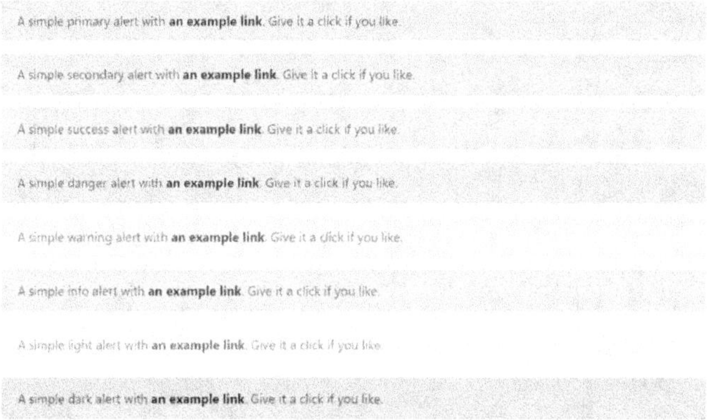

Bild 17

<div class="alert alert-primary" role="alert">
 A simple primary alert with <a href="#" class="alert-link">an example link</a>. Give it a click if you like.
</div>
<div class="alert alert-secondary" role="alert">
 A simple secondary alert with <a href="#" class="alert-link">an example link</a>. Give it a click if you like.
</div>
<div class="alert alert-success" role="alert">
 A simple success alert with <a href="#" class="alert-link">an example link</a>. Give it a click if you like.
</div>
<div class="alert alert-danger" role="alert">
 A simple danger alert with <a href="#" class="alert-link">an example link</a>. Give it a click if you like.
</div>
<div class="alert alert-warning" role="alert">
 A simple warning alert with <a href="#" class="alert-link">an example link</a>. Give it a click if you like.

```
</div>
<div class="alert alert-info" role="alert">
  A simple info alert with <a href="#" class="alert-link">an example link</a>. Give it a click if you like.
</div>
<div class="alert alert-light" role="alert">
  A simple light alert with <a href="#" class="alert-link">an example link</a>. Give it a click if you like.
</div>
<div class="alert alert-dark" role="alert">
  A simple dark alert with <a href="#" class="alert-link">an example link</a>. Give it a click if you like.
</div>
```

Wie wir im Beispiel sehen, ist der Code sehr einfach.

```
<div class="alert alert-primary" role="alert">
  A simple primary alert with <a href="#" class="alert-link">an example link</a>. Give it a click if you like.
</div>
```

Es ist nur ein **<div>** mit einer Klasse **alert**, wie wir gesehen haben. Zuerst hat es den Klassentyp und dann die Farbe. In diesem Fall **alert-primary**. Wir haben aber auch die **alert-link** Klasse, die unseren Hyperlink setzen soll.

Im letzten Fall sehen wir uns *Bild 18* an, das uns zeigt, wie wir diese Schaltfläche platzieren, mit der wir die Warnung schließen können, wie wir es bereits erwähnt haben.

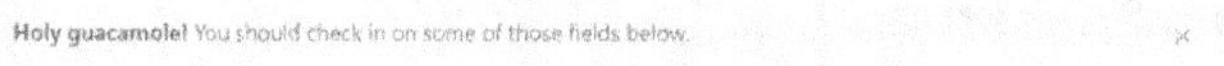

Bild 18

```
<div class="alert alert-warning alert-dismissible fade show" role="alert">
  <strong>Holy guacamole!</strong> You should check in on some of those fields below.
  <button type="button" class="close" data-dismiss="alert" aria-label="Close">
    <span aria-hidden="true">&times;</span>
  </button>
</div>
```

Fortschrittsbalken:

Sehen wir uns nun einige Beispiele für den Fortschrittsbalken an.

Bild 19

Lassen Sie uns nun den HTML-Code sehen, der zum Generieren dieses Fortschrittsbalkens mit seiner label erforderlich ist, in diesem Fall 25%.

```
<div class="progress">
  <div class="progress-bar" role="progressbar" style="width: 25%;" aria-valuenow="25" aria-valuemin="0" aria-valuemax="100">25%</div>
</div>
```

Wie Sie sehen können, handelt es sich um einen Funktionscode. An dieser Stelle im Buch ist es nicht notwendig, die Namen der Klassen zu erklären. In diesem Fall muss nur darauf hingewiesen werden, dass wir 3 Nummer 25 haben. Die erste ist die Breite des blauen Balkens. Dann haben wir den aktuellen Wert. Achten Sie darauf, dass er einen Mindestwert hat und maximal und schließlich vor dem div haben wir 25%, was der Text ist, der im Beispiel erscheint.

In *Bild 19* sehen wir ein anderes Beispiel, diesmal jedoch das Ändern der Hintergrundfarbe des Fortschrittsbalkens.

Bild 20

```
<div class="progress">
  <div class="progress-bar bg-success" role="progressbar" style="width: 25%" aria-valuenow="25" aria-valuemin="0" aria-valuemax="100"></div>
</div>
<div class="progress">
  <div class="progress-bar bg-info" role="progressbar" style="width: 50%" aria-valuenow="50" aria-valuemin="0" aria-valuemax="100"></div>
</div>
<div class="progress">
  <div class="progress-bar bg-warning" role="progressbar" style="width: 75%" aria-valuenow="75" aria-valuemin="0" aria-valuemax="100"></div>
</div>
<div class="progress">
  <div class="progress-bar bg-danger" role="progressbar" style="width: 100%" aria-valuenow="100" aria-valuemin="0" aria-valuemax="100"></div>
</div>
```

Wie ich bereits an dieser Stelle sagte, sind die Beispiele leicht zu verstehen, sodass Erklärungen nicht erforderlich sind. Was es auch erleichtert, die offizielle Bootstrap-Seite aufzurufen und die meisten dort auftretenden Beispiele zu verstehen.

Die offizielle Bootstrap-Site verfügt über eine kleine Suchleiste, in der der Text durchsucht werden kann. Wie in diesem Fall **progress** und es wird uns als Ergebnis verschiedene Beispiele für die verschiedenen Klassen geben. Dies wird dem Leser helfen, den Rest der Klassen zu sehen, vielleicht neue oder bestehende, die diesem Buch entgehen.

Wir sehen ein anderes Beispiel, aber diesmal das einer Leiste, die einen bestimmten Stil und eine Animation voneinander entfernt enthält. Wir können es im nächsten Bild und im nächsten Code sehen.

Bild 21

```
<div class="progress">
  <div class="progress-bar progress-bar-striped progress-bar-animated" role="progressbar" aria-valuenow="75" aria-valuemin="0" aria-valuemax="100" style="width: 75%"></div>
</div>
```

Aber dieses Mal empfehle ich Ihnen, sich die Codes und Beispiele der Balken anzusehen, die auf der offiziellen Bootstrap-Seite angezeigt werden. Ich lasse Sie Link der Fortschrittsbalken:

https://getbootstrap.com/docs/4.3/components/progress

Wie Sie sehen werden, sind die Beispiele bereits leicht zu verstehen, und Sie können deutlich sehen, dass Sie zu einem im Buch gezeigten Thema auf den Seiten reichlich Informationen, verschiedene Typen und deren Beispielcodes haben.

Falta poco para terminar:

Ya vamos terminando de aprender los conceptos básicos, solo nos falta por ver algunas clases importantes o simpáticas y al final del libro veremos un ejemplo de un sitio web creado con bootstrap. Como se suele decir un ejemplo de la vida real.

A continuación veremos: La tarjetas (card), Carousel, Formularios (forms), Jumbotron, Ventanas Modales (modal), Popovers, Spinners, Toasts, Embeds, Sombras (Shadows), y por ultimo veremos el ya mencionado ejemplo de la vida real.

Die Karten (card):

Karten sind weder mehr noch weniger als Behälter. Zumindest definiert Bootstrap sie so. Diese Container bestehen aus einem Header und einem Body. Da es sich bei allen Bootstrap-Klassen um die gleichen Stile handelt, werden Listen oder Hyperlinks erstellt, um sie innerhalb dieser Kartenklasse verwenden zu können. Sehen wir uns einige Beispiele an (*Bild 22*), die wir auch auf der offiziellen Bootstrap-Website interpretieren werden.

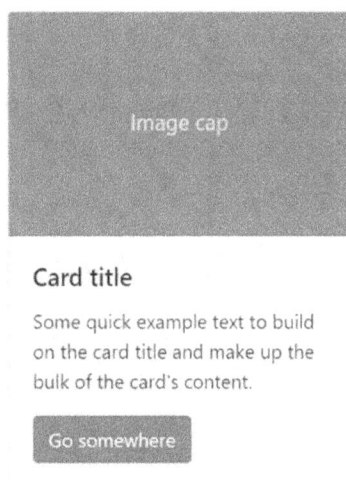

Bild 22

```
<div class="card" style="width: 18rem;">
  <img src="..." class="card-img-top" alt="...">
  <div class="card-body">
    <h5 class="card-title">Card title</h5>
    <p class="card-text">Some quick example text to build on the card title and make up the bulk of the card's content.</p>
```

```
<a href="#" class="btn btn-primary">Go 
somewhere</a>
  </div>
</div>
```

In diesem Code ist klar, dass die Klasse **card** heißt und in dem Stil sehen wir deutlich die Breite, Wir sehen auch, dass es ein Bild hat, das im oberen Teil positioniert ist, und einen Körper oder **card-body** und wir sehen, dass es einen Stil für den Titel verwendet, der **card-text** genannt wird und obwohl es leicht abzuleiten ist, schauen wir uns die letzten beiden Stile an, die in diesem Beispiel zu sehen sind: **card-text** für den Text im Inneren und **btn-primary**, der weder mehr noch weniger als eine Schaltfläche ist wir hatten zuvor in diesem Buch deutlich gesehen.

Mal sehen, was sind die Klassen für Links.

```
<a href="#" class="card-link">Card link</a>
<a href="#" class="card-link">Another link</a>
```

Und sehen wir uns auch die Klasse an, um die Listen zu verwenden.

```
<ul class="list-group list-group-flush">
  <li class="list-group-item">Cras justo odio</li>
  <li class="list-group-item">Dapibus ac facilisis in</li>
  <li class="list-group-item">Vestibulum at eros</li>
</ul>
```

Und im nächsten Beispiel von *Bild 23* werden wir sehen, dass wir mit den Themenkarten ein Beispiel beenden, das nicht nur die Kopf- und Körperzeile, sondern auch die Fußzeile verwendet.

Bild 23

```
<div class="card text-center">
<div class="card-header">
Featured
</div>
<div class="card-body">
<h5 class="card-title">Special title treatment</h5>
<p class="card-text">With supporting text below as a natural lead-in to additional content.</p>
<a href="#" class="btn btn-primary">Go somewhere</a>
</div>
<div class="card-footer text-muted">
2 days ago
</div>
</div>
```

Ich denke, der Code ist selbsterklärend. Ich empfehle, das Thema der Aufstellungen und die Hintergrundfarben der Karten unter der folgenden Webadresse zu sehen:

https://getbootstrap.com/docs/4.4/components/card/

Carousel:

Das Karussell ist leichter an einem Bild zu erkennen, und wir werden es in *Bild 24* sehen. Es ist der typische Header, den WordPress-Blogs normalerweise haben, wenn es mehrere Bilder oder Texte oder Container enthält, die automatisch verschoben werden.

Bild 24

```
<div id="carouselExampleControls" class="carousel slide" data-ride="carousel">
 <div class="carousel-inner">
  <div class="carousel-item active">
   <img src="..." class="d-block w-100" alt="...">
  </div>
  <div class="carousel-item">
   <img src="..." class="d-block w-100" alt="...">
  </div>
  <div class="carousel-item">
   <img src="..." class="d-block w-100" alt="...">
  </div>
 </div>
```

Bootstrap 4 - Anfänger

```html
<a class="carousel-control-prev"
href="#carouselExampleControls" role="button" data-
slide="prev">
    <span class="carousel-control-prev-icon" aria-
hidden="true"></span>
    <span class="sr-only">Previous</span>
</a>
<a class="carousel-control-next"
href="#carouselExampleControls" role="button" data-
slide="next">
    <span class="carousel-control-next-icon" aria-
hidden="true"></span>
    <span class="sr-only">Next</span>
</a>
</div>
```

In diesem Code sehen wir deutlich, dass das Karussell in Elemente unterteilt ist, von denen eines aktiv ist, andererseits hat es auch eine vorherige Steuerung und eine andere nächste.

Weitere Beispiele und Stile, die mit dieser netten Klasse generiert werden können, finden Sie auf der offiziellen Bootstrap-Website.

Formulare (forms):

Sehen wir uns ein einfaches Beispiel für ein Formular in Bild 25 mit dem entsprechenden Beispielcode an. Im letzten Teil dieses Buches werden wir jedoch ein praktisches Beispiel mit dem Namen *"Beispiel aus dem wirklichen Leben"* geben, in dem wir auf das Konzept der Verwendung von Formularen zurückkommen, diesmal jedoch umrahmt in einer Art Container, um es zu formatieren.

Bild 25

```html
<form>
  <div class="form-group">
    <label for="exampleInputEmail1">Email address</label>
    <input type="email" class="form-control" id="exampleInputEmail1" aria-describedby="emailHelp">
    <small id="emailHelp" class="form-text text-muted">We'll never share your email with anyone else.</small>
  </div>
  <div class="form-group">
    <label for="exampleInputPassword1">Password</label>
    <input type="password" class="form-control" id="exampleInputPassword1">
  </div>
  <div class="form-group form-check">
    <input type="checkbox" class="form-check-input" id="exampleCheck1">
    <label class="form-check-label" for="exampleCheck1">Check me out</label>
  </div>
  <button type="submit" class="btn btn-primary">Submit</button>
</form>
```

Wenn Sie ein wenig über HTML und Formularverarbeitung wissen, sollte dieser Code selbsterklärend sein. Wenn nicht, empfehle ich Ihnen, einige Nachforschungen über die Verwendung von

Formularen anzustellen, die weit verbreitet sind, sich jedoch diesem Buch entziehen, da es eine etwas fortgeschrittenere Verwendung von HTML versteht.

Ich empfehle außerdem, auf der offiziellen Bootstrap-Website nach Informationen zu suchen, wie die verschiedenen Elemente, aus denen die Formulare normalerweise bestehen, gestaltet werden.

Jumbotron:

Wie im Fall eines Karussells ist es einfacher, ein Jumbotron zu identifizieren, wenn wir sehen, was es in *Bild 26* ist. Obwohl wir davon ausgehen können, dass es sich um einen anderen Containertyp handelt, z. B. Karten.

Bild 26

Lassen Sie sich nicht von der Größe des Bildes täuschen, dieser Jumbotron-Container ist ziemlich groß und ich möchte klarstellen, dass er auch über die verschiedenen div-Tags und container Klassen in einen **Container** eingefügt werden kann. Dies wird verwendet, um ihn auszurichten oder zu ändern die Größe. Unten sehen wir den Code, der dieses Beispiel ermöglicht.

<div class="jumbotron">
  <h1 class="display-4">Hello, world!</h1>
  <p class="lead">This is a simple hero unit, a simple jumbotron-style component for calling extra attention to featured content or information.</p>

```html
<hr class="my-4">
<p>It uses utility classes for typography and spacing to space content out within the larger container.</p>
<a class="btn btn-primary btn-lg" href="#" role="button">Learn more</a>
</div>
```

Windows Modals

Dies sind die Fenster, die innerhalb des Browserfensters geöffnet werden und uns Hinweise geben. Um diese Übung durchzuführen, müssen wir zuerst einen Button erstellen, der der Schuldige des Ereignisses ist, das unser modales Fenster auslöst. Sehen wir uns *Bild 27* mit dem entsprechenden Code an, das beim Drücken der allgemeinen Taste das Beispiel von *Bild 28* auch mit dem entsprechenden Code.

Bild 27

```
<!-- Button trigger modal -->
<button type="button" class="btn btn-primary" data-toggle="modal" data-target="#exampleModal">
  Launch demo modal
</button>
```

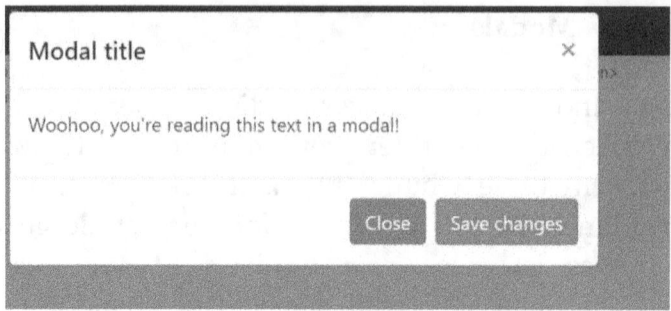

Bild 28

Wir können deutlich sehen, wie der Rest der Seite von einer transparenten schwarzen Farbe bedeckt ist, die anzeigt, dass sie in diesem Moment deaktiviert ist und darauf wartet, dass im modalen Fenster eine Aktion generiert wird.

Wir können auch sehen, dass wir als Beispiel in der oberen rechten Ecke ein x haben, das als Schaltfläche zum Schließen dient, und eine Schaltfläche mit der Aufschrift close, die uns auch für dieselbe Aktion dient. In diesem Beispiel enthält die andere Schaltfläche den Text **Save Changes**, der eigentlich nichts bewirkt, da eine Aktion dieses Typs nicht ausgeführt wird, da dies nur ein Beispiel ist.

```
<!-- Modal -->
<div class="modal fade" id="exampleModal" tabindex="-1" role="dialog" aria-labelledby="exampleModalLabel" aria-hidden="true">
  <div class="modal-dialog" role="document">
    <div class="modal-content">
      <div class="modal-header">
```

```
    <h5 class="modal-title"
id="exampleModalLabel">Modal title</h5>
    <button type="button" class="close" data-
dismiss="modal" aria-label="Close">
      <span aria-hidden="true">&times;</span>
    </button>
    </div>
    <div class="modal-body">
      ...
    </div>
    <div class="modal-footer">
      <button type="button" class="btn btn-secondary"
data-dismiss="modal">Close</button>
      <button type="button" class="btn btn-
primary">Save changes</button>
    </div>
   </div>
  </div>
</div>
```

Wie wir sehen können, ist der Code leicht zu verstehen und zu lesen.

Popovers:

Wir werden deutlich sehen, was uns *Bild 29* zeigt, dass ein **Pop Over** mit mehr Informationen entsteht, wenn die Taste gedrückt wird. Dies ist in *Bild 30* deutlich dargestellt.

Bild 29

Bild 30

Sehen wir uns den Code an, der dies ermöglicht.

<button type="button" class="btn btn-lg btn-danger" data-toggle="popover" title="Popover title" data-content="And here's some amazing content. It's very engaging. Right?">Click to toggle popover</button>

Spinners:

Ich ermutige den Leser einzutreten:
https://getbootstrap.com/docs/4.4/components/spinners/
Um die verschiedenen Arten von Spinners zu schätzen (rotierende Symbole) und die verschiedenen Beispiele, wie man sie erzeugt, sehen wir hier einen Code, der sich ändert, hat verschiedene Beispielfarben und auch *Bild 31*, das uns das Aussehen dieser Spinner zeigt

Bild 31

```
<div class="spinner-border text-primary" role="status">
  <span class="sr-only">Loading...</span>
</div>
<div class="spinner-border text-secondary" role="status">
  <span class="sr-only">Loading...</span>
</div>
<div class="spinner-border text-success" role="status">
  <span class="sr-only">Loading...</span>
</div>
<div class="spinner-border text-danger" role="status">
  <span class="sr-only">Loading...</span>
</div>
<div class="spinner-border text-warning" role="status">
  <span class="sr-only">Loading...</span>
```

```html
</div>
<div class="spinner-border text-info" role="status">
  <span class="sr-only">Loading...</span>
</div>
<div class="spinner-border text-light" role="status">
  <span class="sr-only">Loading...</span>
</div>
<div class="spinner-border text-dark" role="status">
  <span class="sr-only">Loading...</span>
</div>
```

Bootstrap 4 - Anfänger

Toasts:

In diesem Beispiel sehen wir nicht die einfachste Möglichkeit, eine einzelne zu generieren, sondern eine, die als Stapel bezeichnet wird und in der mehrere akkumuliert sind. In diesem Fall zwei und es ist praktischer, da wir sehen können, was passiert, wenn sie geschlossen sind.

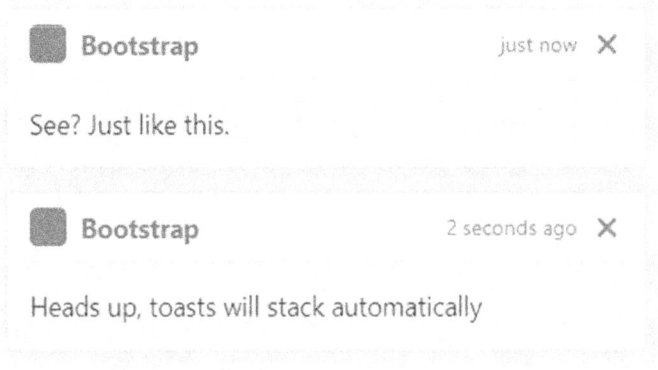

Bild 32

```
<div class="toast" role="alert" aria-live="assertive" aria-atomic="true">
  <div class="toast-header">
    <img src="..." class="rounded mr-2" alt="...">
    <strong class="mr-auto">Bootstrap</strong>
    <small class="text-muted">just now</small>
    <button type="button" class="ml-2 mb-1 close" data-dismiss="toast" aria-label="Close">
      <span aria-hidden="true">&times;</span>
    </button>
  </div>
```

```html
<div class="toast-body">
  See? Just like this.
</div>
</div>

<div class="toast" role="alert" aria-live="assertive" aria-atomic="true">
  <div class="toast-header">
    <img src="..." class="rounded mr-2" alt="...">
    <strong class="mr-auto">Bootstrap</strong>
    <small class="text-muted">2 seconds ago</small>
    <button type="button" class="ml-2 mb-1 close" data-dismiss="toast" aria-label="Close">
      <span aria-hidden="true">&times;</span>
    </button>
  </div>
  <div class="toast-body">
    Heads up, toasts will stack automatically
  </div>
</div>
```

Wir sehen deutlich, wie der Code in zwei **toast** - Warnungen unterteilt ist, von denen wir erwähnen müssen, dass sie nett sind und sogar Spaß machen.

Embeds:

Eingebettete Objekte wie Videos oder Audios sind das letzte Thema, das wir berühren werden, bevor wir zu dem übergehen, was wir als **Beispiel aus dem wirklichen Leben** bezeichnen.

```
<div class="embed-responsive embed-responsive-16by9">
  <iframe class="embed-responsive-item" src="https://www.youtube.com/embed/......" allowfullscreen></iframe>
</div>
```

Schatten (Shadows):

Bild 33

<div class="shadow-none p-3 mb-5 bg-light rounded">**No shadow**</div>
<div class="shadow-sm p-3 mb-5 bg-white rounded">**Small shadow**</div>
<div class="shadow p-3 mb-5 bg-white rounded">**Regular shadow**</div>
<div class="shadow-lg p-3 mb-5 bg-white rounded">**Larger shadow**</div>

Beenden:

Nun, und damit haben wir das Ende der Liste der Stile erreicht, die Sie auswählen, um sie zu unterrichten, wie ich immer erwähne, wenn sie die offizielle Website betreten, werden sie in der Lage sein, viele weitere Beispiele und viele weitere Stile zu finden, aber nachdem sie dieses Buch fertiggestellt haben, ist der Leser es geschult, um die offizielle Bootstrap-Site vollständig zu verstehen.

Beispiel aus dem wirklichen Leben:

<!DOCTYPE html>
<html lang="de">
 <head>
 <meta name="keywords" content="Bleichmittel, Reinigungsmittel, Reinigungsmittel, Reinigung ">
  <meta charset="utf-8">
  <meta name="viewport" content="width=device-width, initial-scale=1, shrink-to-fit=no">
  <title> Reinigungsmittel </title>
  <link rel="stylesheet" href="https://stackpath.bootstrapcdn.com/bootstrap/4.3.1/css/bootstrap.min.css" integrity="sha384-ggOyR0iXCbMQv3Xipma34MD+dH/1fQ784/j6cY/iJTQUOhcWr7x9JvoRxT2MZw1T" crossorigin="anonymous">

<script data-ad-client="ca-pub-000000000000" async src="https://pagead2.googlesyndication.com/pagead/js/adsbygoogle.js"></script>

</head>
 <img src="./arriba.jpg" class="img-fluid mx-auto d-block">
<div class="container" style="background:transparent url('./fondo.jpg') no-repeat center center /cover" >
<body style="background-color:black;">

<nav class="navbar navbar-expand-lg navbar-dark bg-dark sticky-top">

```html
<a class="navbar-brand" href="#">Verkauf Reinigungsartikel </a>
<button class="navbar-toggler" type="button" data-toggle="collapse" data-target="#navbarNavAltMarkup" aria-controls="navbarNavAltMarkup" aria-expanded="false" aria-label="Toggle navigation">
    <span class="navbar-toggler-icon"></span>
</button>
<div class="collapse navbar-collapse" id="navbarNavAltMarkup">
    <div class="navbar-nav">
        <a class="nav-item nav-link active" href="index.htm"> Schulleiter <span class="sr-only">(current)</span></a>
        <a class="nav-item nav-link" href=" artikel.htm"> Katalog der Artikel </a>
        <a class="nav-item nav-link" href="umsatz.htm"> Verkaufsstellen </a>
        <a class="nav-item nav-link" href="kontakt.htm"> Kontakt </a>
    </div>
</div>
</nav>

    <h2 class="text-center text-white-50"> Willkommen zu<strong>verkaufvonreinigungsartikelnbeispiel.com</strong></h2>
    <br>
        <p class="text-justify mx-4 text-light"> Sie haben die vollständigste Website für den Online-Verkauf von Reinigungsprodukten erreicht.</p>
        <br>
```

        <p class="text-center text-danger"><strong> Bitte beachten Sie, dass alle unsere Produkte garantiert sind </strong></p>

        <p class="text-center text-white-50"> Klicken Sie auf das gewünschte Produkt </p>
    <a class="text-center nav-item nav-link text-danger" href="bleichen.htm">Bleichen </a>
    <a class="text-center nav-item nav-link text-danger" href="waschmittel.htm">Waschmittel </a>
    <a class="text-center nav-item nav-link text-danger" href="desinfektionsmittel.htm">Desinfektionsmittel </a>
    <p class="text-center invisible"> Waschmittel, Waschmaschinen, Seifen, Lappen, Reinigungsmittel, Desinfektionsmittel </p>

<hr>
<p class="text-justify text-muted mx-3">
<strong> Nutzungsbedingungen des Dienstes </strong>
Wir lehnen jeglichen Kontakt mit Minderjährigen unter 18 Jahren kategorisch und definitiv ab. Ich werde die Dienstleistungen und / oder Produkte nutzen. Die Nutzung von Diensten oder Produkten gilt als Akzeptanz dieser Richtlinien und Bedingungen.

</p>


```html
<a class="text-center nav-item nav-link text-white" href="privatsphäre.htm">Privacidad</a>

<a class="fixed-bottom text-info ml-5" href="cookies.htm"><strong> Informationen zur Verwendung von Cookies </strong></a>

  <script src="https://code.jquery.com/jquery-3.3.1.slim.min.js" integrity="sha384-q8i/X+965DzO0rT7abK41JStQIAqVgRVzpbzo5smXKp4YfRvH+8abtTE1Pi6jizo" crossorigin="anonymous"></script>
  <script src="https://cdnjs.cloudflare.com/ajax/libs/popper.js/1.14.7/umd/popper.min.js" integrity="sha384-UO2eT0CpHqdSJQ6hJty5KVphtPhzWj9WO1clHTMGa3JDZwrnQq4sF86dIHNDz0W1" crossorigin="anonymous"></script>
  <script src="https://stackpath.bootstrapcdn.com/bootstrap/4.3.1/js/bootstrap.min.js" integrity="sha384-JjSmVgyd0p3pXB1rRibZUAYoIIy6OrQ6VrjIEaFf/nJGzIxFDsf4x0xIM+B07jRM" crossorigin="anonymous"></script>
 </body>
</div>
</html>
```

Code-Analyse:

Lesen und scannen Sie den Code schnell und fragen Sie sich, worum es geht. Wenn Sie sagten, dass es sich anscheinend um eine Webseite handelt, die Teil einer Website ist, die sich dem Verkauf von Reinigungsprodukten widmet, sind wir auf dem richtigen Weg.

Beginnen wir nun mit der Analyse jedes Fragments.

```
<!DOCTYPE html>
<html lang="de">
<head>
```

Wir gehen mit dem Dokumentformat, das in diesem Fall **HTML** ist und wir sagen, dass die Sprache des Inhalts meistens in **Deutsch** sein wird und dann öffnen wir das **<head>** Tag, in das wir die Header-Daten einfügen.

```
<meta name="keywords" content="Bleichmittel, Reinigungsmittel, Reinigungsmittel, Reinigung ">
<meta charset="utf-8">
<meta name="viewport" content="width=device-width, initial-scale=1, shrink-to-fit=no">
<title>Reinigungsmittel </title>
```

Hier, in diesem Teil des Codes und in der Kopfzeile sehen wir die Tags **keywords** Was bedeutet das? Wenn die Suchmaschine unsere Website indiziert (z. B. Google), wird angezeigt, dass unsere Website mit diesen Schlüsselwörtern gefunden werden möchte. In diesem Beispiel: Lavandina, Waschmittel, Reinigungsmittel, Reinigung.

Ein anderes Label, das wir sehen, das gleich als nächstes kommt, ist **charset**, dass seine Übersetzung ein Zeichensatz ist. In diesem Fall ist der ausgewählte Zeichensatz **utf-8**, dies ist für Akzente, ñ und andere Sonderzeichen sind auf der Website gut vertreten.

Wir haben auch das **viewport** das den Maßstab des Geräts angibt.

Und schließlich **<title>**, mit dem der Titel der Website angezeigt wird, der in der Titelleiste des Browserfensters angezeigt wird.

Nun, bis jetzt unterscheiden sich die Dinge nicht wesentlich von einer anderen Site, die kein Bootstrap verwendet. Aber es hat sich gelohnt, dies ein wenig oben zu erklären, für den Leser, der sich über die Konzepte nicht ganz im Klaren war. Und für denjenigen, der sie bereits kannte, zu überprüfen.

<link rel="stylesheet" href="https://stackpath.bootstrapcdn.com/bootstrap/4.3.1/css/bootstrap.min.css" integrity="sha384-ggOyR0iXCbMQv3Xipma34MD+dH/1fQ784/j6cY/iJTQUOhcWr7x9JvoRxT2MZw1T" crossorigin="anonymous">

Diese Zeile mit dem **link** ist diejenige, die wir am Anfang des Buches angegeben haben, damit wir auf die Bootstrap-Codes und -Stile zugreifen können.

Bootstrap 4 - Anfänger

```
<script data-ad-client="ca-pub-000000000000" async
src="https://pagead2.googlesyndication.com/pagead/
js/adsbygoogle.js"></script>
```

</head>

Und hier ist ein guter Ort, um den Code zu platzieren, den Google Ads uns für automatische Werbung auf unserer Website gibt. Beenden Sie dann mit der Überschrift mit **</head>**.

<img src="./über.jpg" class="img-fluid mx-auto d-block">

Mit dieser Codezeile setzen wir ein Bild als Banner oben auf die Seite, dessen Bilddatei **über.jpg** heißt und befindet sich im Stammverzeichnis unserer Website.

<div class="container" style="background:transparent url('./hintergrund.jpg') no-repeat center center /cover">

<body style="background-color:black;">

In diesem anderen Teil sagen wir, dass das Hintergrundbild, das auf unserer Website angezeigt wird, ./hintergrund.jpg ist und dass die Hintergrundfarbe der Website, die sich unter dem Bild befindet, schwarz ist.

<nav class="navbar navbar-expand-lg navbar-dark bg-dark sticky-top">
 <a class="navbar-brand" href="#">Verkauf Reinigungsartikel </a>

```html
<button class="navbar-toggler" type="button" data-toggle="collapse" data-target="#navbarNavAltMarkup" aria-controls="navbarNavAltMarkup" aria-expanded="false" aria-label="Toggle navigation">
    <span class="navbar-toggler-icon"></span>
</button>
<div class="collapse navbar-collapse" id="navbarNavAltMarkup">
    <div class="navbar-nav">
      <a class="nav-item nav-link active" href="index.htm">Schulleiter<span class="sr-only">(current)</span></a>
      <a class="nav-item nav-link" href=" artikel.htm">Katalog der Artikel</a>
      <a class="nav-item nav-link" href="umsatz.htm">Verkaufsstellen </a>
      <a class="nav-item nav-link" href="kontakt.htm">Kontakt </a>
    </div>
</div>
</nav>
```

In diesem Textblock erstellen wir eindeutig das Menü oder die Navigationsleiste mit ihrem Link und den entsprechenden Links sowie den Kontakt mit **kontakt.htm** Mal sehen, dass wir Symbole und einige andere Besonderheiten einfügen, die wir beim Betrachten der "navbar" gesehen haben.

```html
<h2 class="text-center text-white-50"> Willkommen zu<strong>verkaufvonreinigungsartikelnbeispiel.com </strong></h2>
    <br>
        <p class="text-justify mx-4 text-light"> Sie haben die vollständigste Website für den Online-Verkauf von Reinigungsprodukten erreicht.</p>
    <br>
        <p class="text-center text-danger"><strong> Bitte beachten Sie, dass alle unsere Produkte garantiert sind </strong></p>


        <p class="text-center text-white-50"> Klicken Sie auf das gewünschte Produkt </p>
        <a class="text-center nav-item nav-link text-danger" href="bleichen.htm">Bleichen </a>
        <a class="text-center nav-item nav-link text-danger" href="waschmittel.htm">Waschmittel </a>
        <a class="text-center nav-item nav-link text-danger" href="desinfektionsmittel.htm">Desinfektionsmittel</a>

        <p class="text-center invisible"> Waschmittel, Waschmaschinen, Seifen, Lappen, Reinigungsmittel, Desinfektionsmittel </p>
        <br>
<hr>
<p class="text-justify text-muted mx-3">
<strong> Nutzungsbedingungen des Dienstes </strong><br>
Wir lehnen jeglichen Kontakt mit Minderjährigen unter 18 Jahren kategorisch und definitiv ab. Ich werde die Dienstleistungen und / oder Produkte nutzen. Die
```

Nutzung von Diensten oder Produkten gilt als
Akzeptanz dieser Richtlinien und Bedingungen.

</p>

<a class="text-center nav-item nav-link text-white" href="privatsphäre.htm">Privatsphäre </a>
In all diesem Text haben wir den Inhalt der Seite selbst. Es beginnt mit einem Titel vom Typ **h2**, der Willkommen bei ... mit **strong** Tags, um den Namen der Site hervorzuheben, und dann und darunter einige Texte mit Hyperlinks, die den Inhalt bilden. Wir haben sogar unsichtbare Texte, die auch für die Indizierung durch Suchmaschinen verwendet werden, aber auf unserer Website nicht sichtbar sind.
Fast am Ende finden wir die Nutzungsbedingungen der Website.
Und um einen Link zu beenden, der uns zu der Seite führt, auf der die Datenschutzrichtlinien der Website erläutert werden.

<a class="fixed-bottom text-info ml-5" href="cookies.htm"><strong> Informationen zur Verwendung von Cookies </strong></a>

Dies ist ein Hyperlink, der schwebend bleibt, wenn die Seite verschoben wird. Dies zeigt an, dass wir klicken, wenn wir auf die Seite zugreifen möchten, die die Beschreibung der Verwendung von Cookies enthält, wie dies in den Richtlinien einiger Regionen wie der Europäischen Union vorgeschrieben ist.

```html
<script src="https://code.jquery.com/jquery-
3.3.1.slim.min.js" integrity="sha384-
q8i/X+965DzO0rT7abK41JStQIAqVgRVzpbzo5smXKp
4YfRvH+8abtTE1Pi6jizo"
crossorigin="anonymous"></script>
<script
src="https://cdnjs.cloudflare.com/ajax/libs/popper.js
/1.14.7/umd/popper.min.js" integrity="sha384-
UO2eT0CpHqdSJQ6hJty5KVphtPhzWj9WO1clHTMGa
3JDZwrnQq4sF86dIHNDz0W1"
crossorigin="anonymous"></script>
<script
src="https://stackpath.bootstrapcdn.com/bootstrap/4.
3.1/js/bootstrap.min.js" integrity="sha384-
JjSmVgyd0p3pXB1rRibZUAYoIIy6OrQ6VrjIEaFf/nJGz
IxFDsf4x0xIM+B07jRM"
crossorigin="anonymous"></script>
```

Wie bereits zu Beginn des Buches erwähnt, fügen wir nicht nur das Link-Tag in den Header ein, damit Bootstrap verwendet werden kann, sondern vielmehr die Bootstrap-Stile, Es ist auch erforderlich, die für das Verhalten der Website erforderlichen Java-Skripte einzuschließen.

Da das Laden von Java-Skripten bekanntermaßen etwas länger dauert, ist es ratsam, sie kurz vor dem Schließen von **</body>** abzulegen Auf diese Weise kann der gesamte Inhalt der Website angezeigt werden, und schließlich hat der Browser die Möglichkeit, das Verhalten jedes Objekts und jeder Schaltfläche zu laden, was für den Navigator fast unmerklich wird.

```
</body>
</div>
</html>
```

Wir sehen in diesem letzten Teil, was getan wird, ist das Schließen des **body**, dieses **div** am Anfang und auch des HTML-Codes.

Wir haben das Ende des Buches erreicht und ich hoffe, dass der Leser eine gute Vorstellung davon bekommen hat, was Bootstrap-Arbeit ist..

Wir empfehlen Ihnen einzutreten:

www.whitetowerpublishing.com/code/bootstrap_01_de.htm

Wenn Sie auf den Beispielcode zugreifen möchten, der als Beispiel aus der Praxis bereitgestellt wird.

Empfohlene Bücher vom Verlag

Computing:

Quanten-Computing
Delphi - Handbuch
Delphi – Anfänger
Künstliche Intelligenz
Linux – Anfänger
PHP - Handbuch
PHP – Anfänger
Python - Handbuch
Python – Anfänger
WebGL - Babylon.JS

Sprachen:

Árabe – Anfänger

Kinematographie:
Richtung der Fotografie

Sie können auf den vollständigen Katalog der Bücher zugreifen, indem Sie die Website des Herausgebers aufrufen
www.whitetowerpublishing.com

ÜBER DEN AUTOR

Elektroniker und Programmierer Analyst. Umfassender Film- und Fernsehregisseur, Kameramann. Schriftsteller, Drehbuchautor, Übersetzer Spanisch, Portugiesisch, Italienisch, Deutsch, Englisch.

E-Mail
cancinos@hotmail.com

www.ingramcontent.com/pod-product-compliance
Lightning Source LLC
Chambersburg PA
CBHW070424220526
45466CB00004B/1531